BEI GRIN MACHT SICH IHR WISSEN BEZAHLT

Bibliografische Information der Deutschen Nationalbibliothek:

Die Deutsche Bibliothek verzeichnet diese Publikation in der Deutschen National-
bibliografie; detaillierte bibliografische Daten sind im Internet über http://dnb.d-
nb.de/ abrufbar.

Impressum:

Copyright © 2013 GRIN Verlag, Open Publishing GmbH
Druck und Bindung: Books on Demand GmbH, Norderstedt Germany
ISBN: 978-3-668-10213-2

Dieses Buch bei GRIN:

http://www.grin.com/de/e-book/311426/grundlagen-der-betriebswirtschaftslehre-
fuer-studierende-und-unternehmer

Felix Franke

Grundlagen der Betriebswirtschaftslehre für Studierende und Unternehmer

GRIN Verlag

GRIN - Your knowledge has value

Der GRIN Verlag publiziert seit 1998 wissenschaftliche Arbeiten von Studenten, Hochschullehrern und anderen Akademikern als eBook und gedrucktes Buch. Die Verlagswebsite www.grin.com ist die ideale Plattform zur Veröffentlichung von Hausarbeiten, Abschlussarbeiten, wissenschaftlichen Aufsätzen, Dissertationen und Fachbüchern.

Besuchen Sie uns im Internet:

http://www.grin.com/

http://www.facebook.com/grincom

http://www.twitter.com/grin_com

Zusammenfassung Präsentationen BWL

1. Gütererstellung und Bedürfnisdeckung

Wirtschaften ist wesentlicher Bestandteil unserer Kultur und eine zentrale Grundlage unserer heutigen Lebensbedingungen.
Die produktive Nutzung knapper, d.h.
- begrenzter menschlicher und natürlicher Ressourcen zur Gütererstellung kann als Zweck von Betrieben definiert werden.
- Betriebe werden Güter aber in der Regel nicht als Selbstzweck herstellen oder etwa um Menschen glücklicher zu machen.

2. Bedürfnisklassen nach Maslow – Bedürfnispyramide

Grundüberlegung:
Hierarchisch höherrangige Bedürfnisse werden erst dann befriedigt, wenn die untergeordneten Bedürfnisse befriedigt worden sind (Dringlichkeitsordnung).

Pyramide von unten nach oben - *Bedürfnisbefriedigung im Unternehmen*

1. Grundbedürfnisse (physiologische Bedürfnisse)
→ Essen, Trinken, Wohnen
→ *Lohn, Urlaubsregelung, ärztliche Betreuung*

2. Sicherheitsbedürfnisse
→ Schutz vor Willkür, Drohung, Gewalt
→ *Sicherheit d. Arbeitsplatzes, sicheres Einkommen, Altersversorgung*

3. Bedürfnisse nach mitmenschlicher Zuwendung (soziale Bedürfnisse)
→ Freundschaft, Geselligkeit, Zugehörigkeit zu einer Gruppe
→ *Kommunikation am Arbeitsplatz, Problemlösungsgespräche, Information auch über nicht aufgabenbezogene Informationen*

4. Bedürfnisse nach Anerkennung
→ Respekt, Würde, Status
→ *Übertragung von Kompetenzen, verbale und materielle Anerkennung, Bereitstellung Dienstwagen*

5. Bedürfnisse nach Selbstverwirklichung
→ Selbsterfüllung, Selbständigkeit, Selbstentfaltung
→ *Mitbestimmung bei der Arbeit, Aufstiegsmöglichkeiten, Selbstverantwortung bei Arbeitsplatzregelung und Pausengestaltung*

3. Unterschiedliche Wirtschaftsformen

Freie Marktwirtschaft (D) ⟷ Planwirtschaft (China)

4. Ökonomisches Prinzip

Das ökonomische Prinzip beschreibt ein Ergebnis – Einsatz – Verhältnis und kann theoretisch in drei Ausprägungen angewendet werden :

➔ **Minimalprinzip (Sparsamkeitsprinzip)**
Mit möglichst wenigen Mitteln (Input) ein gegebenes festes Ziel erreichen (Output)
Bsp. Mit möglichst wenig Benzin nach Berlin fahren
➔ **Maximalprinzip (Ergiebigkeitsprinzip)**
Mit gegebenen festen Mitteln (Input) möglichst großen Nutzen (Output) erzielen.
Bsp. Mit 50l Benzin möglichst weit fahren.
➔ **Extremumprinzip (Optimumprinzip)**
Ein optimales Verhältnis zwischen eingesetzten Mitteln und angestrebtem Nutzen zu erreichen.
Das Extremumprinzip stellt eine Verknüpfung von Minimal- und Maximumprinzip dar, wobei sowohl der Input als auch Output variabel sind.
Bsp. Mit vertretbaren Kosten eine Bahnstreck so auszubauen, dass damit ein spürbarer Gewinn an Geschwindigkeit und Zeitersparnis erzielt wird.

5. Güterarten zur Befriedigung von Bedürfnissen

Gütermerkmal	Güterbezeichnung
Verfügbarkeit	freie Güter (Wasser)
	knappe Güter (alle Waren mit Preisen)
Mobilität	Mobilien (Büromaterial, Maschinen)
	Immobilien (Grundstücke, Gebäude)
Nutzungsdauer	Gebrauchsgüter mit mehrmaliger Nutzung (Werkzeuge)
	Verbrauchsgüter mit einmaliger Nutzung (Lebensmittel)
Einsatzzweck	Konsumgüter zum Verbrauch
	Investitionsgüter zur Produktion neuer Güter
Lebensnotwendigkeit	Grundgüter (Lebensmittel)
	Kulturgüter (Gebetsteppich)
	Luxusgüter (Yacht)
Rechtssystem	Originäre Güter (Haus)
	Derivate Güter, die aus originären abgeleitet sind (Hypothek)
Erfassbarkeit	Realgüter (Stuhl)
	Nominalgüter (Geld und Ansprüche)
Austauschbarkeit	Substitutionsgüter (Butter und Margarine)
	Komplementärgüter (Pfeife und Tabak)
Körperlichkeit	Materielle Güter (bewertbar, sichtbar, fassbar)
	Immaterielle Güter (Image, Firmenwerk, Kundendatei)
Reproduzierbarkeit	Potenzialfaktoren (nicht wiederherstellbare, einmalige Güter)
	Repetiergüter (laufend neu herstellbar, z.B Schraube)
Individualität	Individualgüter (Auto)
	Kollektivgüter (Straße)

7. Wirtschaftseinheiten

Ein Betrieb stellt eine Einheit dar, in der Menschen und Maschinen Güter erstellen, die die Bedürfnisse von Kunden befriedigen. Sowohl bezüglich des Einsatzes der sogenannten Produktionsfaktoren lassen sich verschiedene Betriebsarten unterscheiden als auch bezüglich der erstellten Güter und Dienstleistungen und der Verschiedenartigkeit der Kunden und Bedürfnisse.

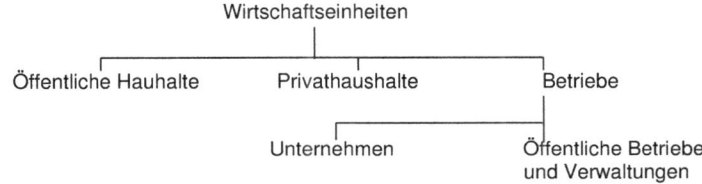

8. Analyse der Mikroumwelt

Welche Anspruchsgruppen gibt es im Unternehmen?
Stakeholder = Teilhaber
(eine Person oder Gruppe, die ein berechtigtes Interesse am Verlauf oder Ergebnis eines Prozesses oder Projektes hat - mit oder ohne persönlichen Einsatz)

→ **Interne Stakeholder**
 - Mitarbeiter
 - Manager
 - Eigentümer

→ **Externe Stakeholder**
 - Lieferanten
 - Fremdkapitalgeber
 - Kunden
 - Gesellschaft
 - Staat
 - Konkurrenten

Die Ansprüche unterschiedlicher Zielgruppen an Betriebe

Stakeholder	Interessen
Management	Einfluss
	Macht
	Hohes Einkommen
Leitung und Spezialisten	Einfluss auf oberste Leitung
	Anwendung/Erweiterung professioneller Kenntnisse und Fähigkeiten
	Hohes Einkommen
Mitarbeiter	Soziale Sicherheit
	Selbstentfaltung am Arbeitsplatz
	Hohes Einkommen

Anteilseigner und Eigenkapitalgeber (Shareholder)	Teilnahme an Wertsteigerung durch Kursentwicklung günstige Angebote bei Kapitalerweiterung
	Hohe Gewinnausschüttung
	Einfluss auf strategische Entscheidungen
Fremdkapitalgeber (Gläubiger)	Hohe Verzinsung
	Pünktliche Rückzahlung (Liquidität)
	Sicherheit des zur Verfügung gestellten Kapitals (Liquidierbarkeit)
Lieferanten	Günstige Lieferkonditionen
	Zahlungsfähigkeit
	Anhaltende Liefermöglichkeit (Absatz)
Kunden	qualitativ hochstehende Leistung zu günstigen Preisen
	Service/Beratung
	Gesicherte Warenversorgung
Behörden/Staat	Bereitstellung von Arbeitsplätzen
	Beiträge an Infrastruktur & Kultur-/Bildungsinstitutionen
	Steuereinnahmen
Gewerkschaften	Mitbestimmung
	Sichere Arbeitsplätze
	Humanität im Arbeitsprozess
Unternehmerverbände	Ausrichtung unternehmerischer Entscheidungen an den Interessen der Gruppe
	Leistung von finanziellen Beiträgen für Lobbyarbeiten
Konkurrenten	Information über Marktanteile
	Strategien
Öffentlichkeit	Positiver Beitrag zur Weiterentwicklung der Marktwirtschaft
	Einhaltung von Werten und Gesetzen

9. Produktionsfaktoren

Unter Produktionsfaktoren (Input, Inputfaktoren) versteht man alle materiellen und immateriellen Mittel und Leistungen, die an der Bereitstellung von Gütern mitwirken.

a) Dispositiver Faktor

Menschliche Arbeitsleistung, die auf die leitende, lenkende, planende und organisierende Tätigkeit in der Unternehmung verwendet wird (Unternehmensmanagement).

b) Elementare Faktoren

Betriebliche Produktionsfaktoren, wie zum Beispiel ausführende Arbeit, Betriebsmittel und Werkstoffe. Diese gehen als Potentialfaktoren und Repetierfaktoren in den Produktionsprozess ein.

➜ Die Kombination der Elementarfaktoren erfolgt durch den dispositiven Faktor (Management).

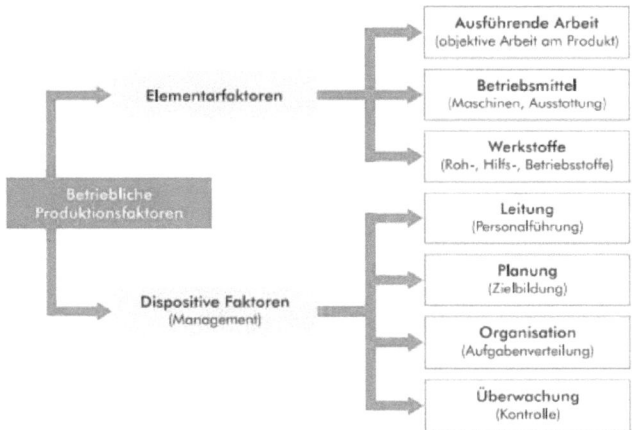

10. Überlegen Sie, welche Produktionsfaktoren nach Gutenberg vornehmlich bei einem Automobilunternehmen eingesetzt werden, um Güter zu erstellen.

Um ein Auto herzustellen, sind sicher vor allem elementare Produktionsfaktoren, insbesondere Werkstoffe, also Rohstoffe wie Metalle, Hilfsstoffe wie Lacke oder Betriebsstoffe wie Schmieröl nötig.
Darüber hinaus wird die auszuführende Arbeit trotz Rationalisierung und Automatisierung wichtig sein. Die dispositiven Faktoren können hier von der Designabteilung bis zum Controlling der Finanzen reichen, machen bezüglich des Wertes der Endprodukte aber sicher einen wesentlich geringeren Teil aus.

11. Betriebstypen- und klassen

➜ Dient der besseren Beschreibung und Analyse von Betrieben
➜ Kategorisierung nach unterschiedlichen Kriterien
   ➜ hängt auchg vom jeweiligen Untersuchungsziel ab

Kriterien der Einteilung in Betriebstypen- und klassen

1. Art der Bedarfsdeckung (Unternehmen, Haushalt)
2. Art der Anteilseigner (private, öffentliche)
3. Art der erzeugten Leistung (Sachleistung, Dienstleistung)
4. Rechtsform (öffentliches Recht, privates Recht)
5. Eingesetztes Fertigungsprinzip (Einzel-, Serien-, Sorten-, Massenproduktion)
6. Maßgebliche Produktionsfaktoren (arbeits-, kapitalintensiv)
7. Größe (groß, mittel, klein)

8. Leitungsbefugnis (Eigentümerunternehmer, Managerunternehmer)
9. Steuerbelastung (Personensteuern, Körperschaftsteuern)
10. Branchenzugehörigkeit (Handel, Bau, ...)

12. Sachleistungs- und Dienstleistungsbetriebe

Sachleistungsunternehmen (nach der Wertschöpfungskette)	Dienstleistungsunternehmen (nach der Branche)
• Urproduktion und Förderung (Bergwerk, Kraftwerk, Fischerei, Forstwirtschaft) • Aufbereitung und Verarbeitung (Stahl, Raffinerie, Mühle, Motoren-herstellung, Werkzeugbau, Farben) • Weiterverarbeitung (Maschinen-bau, Auto, Möbel, Druck, Nah-rung, Textil, Bau) • Wiedergewinnung, Recycling (Müll, Verwertung)	• persönliche Dienste (Gaststätte, Reise, Gesundheit, Bildung, Muße) • finanzielle Dienste (Bank, Versiche-rung) • Beförderungsdienste (Transport, Handel, Nachrichten) • Beratung, Erhaltung, Sanierung (Forschung- und Entwicklung, Un-ternehmensberatung, Aufklärung)

13. Anteil der Wirtschaftszweige an der Bruttowertschöpfung 2012

Anteil der Wirtschaftszweige an der Bruttowertschöpfung* in Deutschland im Jahr 2012

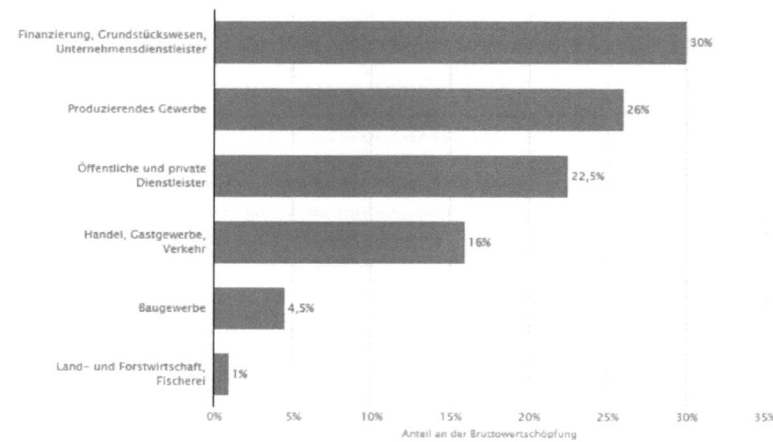

→ Entwicklung der Informationstechnologie zu Produkten und Verfahren geführt, die früher gar nicht vorstellbar waren
→ Folge: stetig fortschreitende Verselbständigung der Geldwirtschaft gegenüber der Güterwirtschaft

→ Frage stellt sich, ob der Finanzsektor auch einen zu großen Anteil innerhalb der Gesamtwirtschaft einnehmen und letztendlich das gesamtwirtschaftliche Wachstum hemmen kann (Bsp. Eurokrise)

14. Wahl der optimalen Rechtsform

→ Für alle Betriebe konstituive und wichtigste Entscheidung
→ Beeinflusst Leitungsstruktur, Möglichkeiten der Kapitalbeschaffung, Haftung, u.v.m
→ Rechtsform = Rechtliches Kleid eines Betriebes
→ Regelt Verhältnisse zu allen Stakeholders (z.B. Außenverhältnis Kunden <-> Innenverhältnis Anteilseigner/Shareholder)

15. Ziele bei der Rechtsformwahl

1) Haftung (Grad der Beschränkung)
2) Finanzierungsmöglichkeiten (Eigen- und Fremdkapitalbeschaffung)
3) Leitungsbefugnis (Klarheit der Weisungsbefugnis nach innen + Vertretung nach außen, Selbständigkeit, Mitbestimmungsgrad)
4) Gewinn- und Verlustverteilung (Gerechtigkeit, Gleichmäßigkeit)
5) Rechnungslegung und Publizität
6) Steuerbelastung (Minimierung der Ausschüttung)
7) Rechtsformabhängige Kosten (Minimierung der Gründungskosten und Folgekosten durch Publizität oder Organbestellung)
8) Unternehmungkontinuität

15.1 Haftung

→ Verpflichtung des Haftenden für Verbindlichkeiten und Schäden einzustehen
→ Eigenkapitalanteil deutscher Unternehmen bei durchschnittlich 20% --> Haftung = wichtiges Kriterium bei der Rechtsformwahl
→ **3 Maximen der Haftung für Kaufleute** (unbeschränkt, unmittelbar, solidarisch/gesamtschuldnerisch)

1) **Unbeschränkt**
Gesellschafter haften grundsätzlich auch mit Privatvermögen

2) **Unmittelbar**
Gläubiger halten sich ohne Umwege direkt an jeden Gesellschafter = Fehlen einer Einrede der Vorausklage, d.h. muss sich nicht an den Verursacher der Schuld(en) halten, kann Schulden auch bei einem anderen Gesellschafter einklagen

3) **Solidarisch**
Gesellschafter untereinander haften gesamtschuldnerisch für die gesamten Schulder der Gesellschaft = keine Einrede der Haftungsteilung

15.2 Finanzierungsmöglichkeiten

→ Finanzierungsmöglichkeiten durch Eigen- und Fremdkapital bestimmen
→ Wahlmöglichkeiten einzelner Rechtsformen bei der Versorgung der Gesellschaft mit Kapital
→ Selbstfinanzierungsmöglichkeiten = Finanzierung von innen (Bildung von Rücklagen)
→ Außenfinanzierungsmöglichkeiten (Neue Gesellschafter oder Fremde/Gläubiger)

15.3 Leitungsbefugnis

→ Berührt Rechts und Pflichten der Gesellschafter im Innen- und Außenverhältnis
→ Regelung Leitung + Vertretung nach außen in Rechtsformen unterschiedlich
→ Leitungsbefugnis nach innen = Geschäftsführungsbefugnis
→ Leitungsbefugnis nach außen = Vertretungsbefugnis
→ Innenverhältnisse stellen dispositives Recht dar (vertraglich veränderbar)
→ Außenverhältnis betreffende Vorschriften als zwingendes Recht formuliert

15.4 Gewinn- und Verlustverteilung

→ In der Rechtsform geregelte Entnahmerechte und Gewinnverteilungen durch Gesellschaftsverträge und Satzungen anders regelbar
→ Grenzen der Veränderbarkeit lediglich durch Grundrechte
→ Frage nach der Gewinn- und Verlustverteilung (nach Köpfen, äquivalent zu eingesetzten Kapital) müssen Gesellschafter untereinander regeln

15.5 Private und öffentliche Rechtsformen

→ Wahlmöglichkeit zwischen privat und öffentliche Rechtsform mit Begrenzungen
→ für bestimmte Wirtschaftsbereiche Rechtsform vorgeschrieben (z.B. Reederei für Schiffbau)
→ Pflicht für vorgeschriebene Rechtsform bei bestimmten Tätigkeiten (z.B. Verbot Einzelunternehmung für Banken)

15.6 Häufigkeitsverteilung

→ 70% aller eingetragenen Rechtsform Einzelunternehmen
→ 15% GmbH
→ 9% Gesellschaften Bürgerlichen Rechts + OHG
→ 4% KG
→ 2% übrige Rechtsformen (AG, Stiftungen etc.)

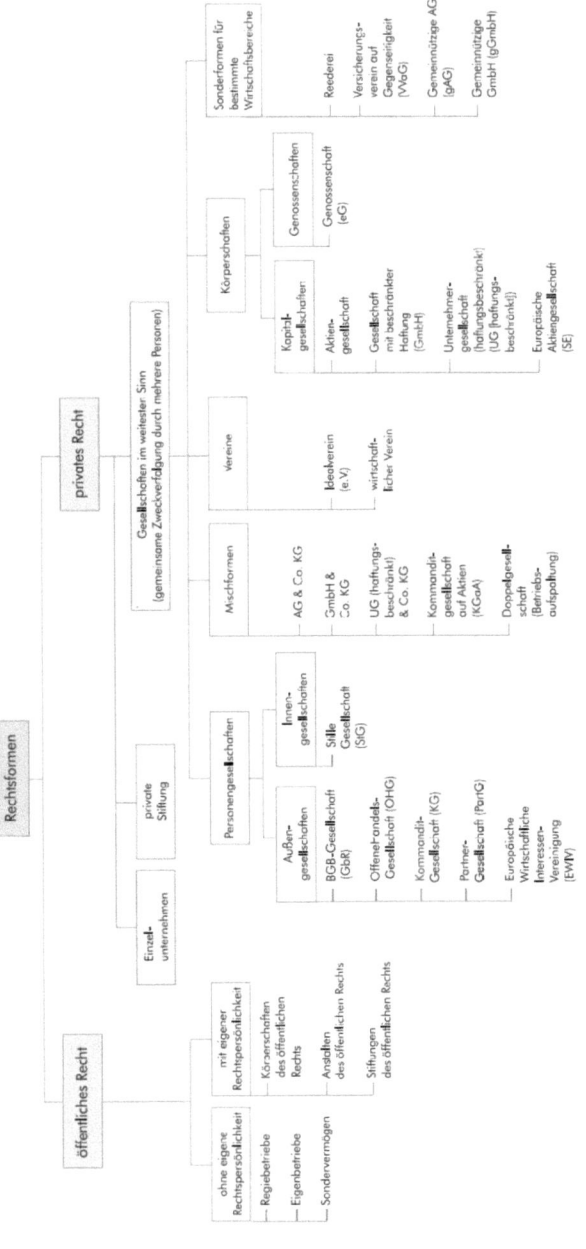

16. Richtungen der Entscheidungstheorie

1. Deskriptive Entscheidungstheorie

a) Wie in einem Unternehmen tatsächlich entschieden wird
b) auch empirisch - realistische Entscheidungstheorie
c) Betriebswirtschaftslehre = Realwissenschaft --> Aussagen, beruhend auf empirisch gewonnenen Erfahrungen über reales Entscheidungsverhalten von Menschen bzw Unternehmen, erarbeiten

2. Normative Entscheidungstheorie

a) Wie in einem Unternehmen entschieden werden soll
b) setzt Ziele von Entscheidungsträgern voraus
c) Untersuchung der Möglichkeiten zur Erreichung von Zielen/Strategien
d) ausgehend von gegebener Entscheidungssituation mit mehreren Handlungsalternativen --> im Mittelpunkt steht Wahlakt zur Ermittlung der vorteilhaftesten bzw. optimalen Handlungsalternative hinblicklich Zielvorstellung

3. Rationale Entscheidungen

a) Rationale Wahl- bzw. Handlungsweise des Entscheidungsträgers
b) Rationalität = zweckmäßige Grundeinstellung beim Auswählen optimaler Alternative
c) Vernachlässigt psychologische und soziologische Einflüsse
d) Manager nicht frei von subjektiven Einflüssen, Vorlieben, Prioritäten --> verändern Entscheidungen, aber rational nicht immer begründbar

17. Notwendige Bestandteile Entscheidungsmodell

a) Ziele   - Aussagen über erwünschte Zustände der Zukunft
b) Alternativen   - Maßnahmen zur Erreichung der Ziele
c) Ergebniswerte   - Prognostizierte Ergebnisse der Maßnahmen hinsichtlich der Zielerreichung

18. Zielbeziehungen

➔ Unternehmen i.d.R. mehrere Ziele, d.h. Definition von Beziehung zwischen den Zielen

(1) Sachliche Beziehungen
a) Komplementarität   = sich gegenseitig fördernde Ziele
b) Konflikt   = sich gegenseitig behindernde Ziele
c) Antinomie   = sich gegenseitig ausschließende Ziele
d) Indifferenz/Neutralität   = voneinander unabhängige Ziele

(2) Zeitliche Beziehungen
a) Haupt- und Nebenziele

(3) Persönliche Beziehungen
a) Ober- und Unterziele

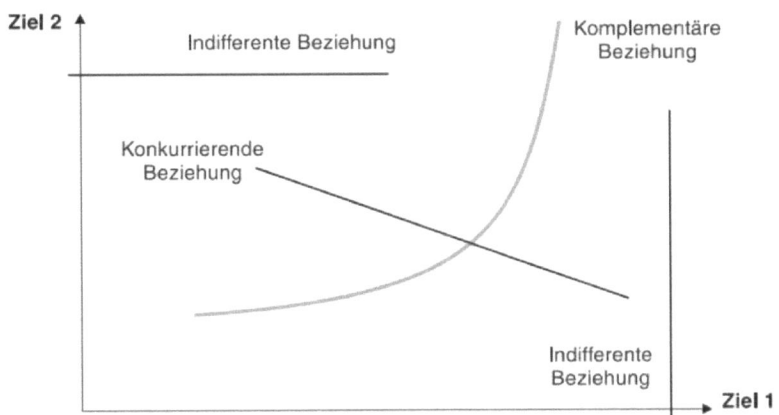

Ziel 2

Indifferente Beziehung

Komplementäre Beziehung

Konkurrierende Beziehung

Indifferente Beziehung

Ziel 1

19. Grundmodell der Entscheidungstheorie

Ziele	Ziel = Klausur mit mind. 2,5 bestehen	
	Umwelt 1 (U_1)	Umwelt 2 (U_2)
	leichte Klausur	schwere Klausur
Alternativen	$W = 0,2$ (W_{u1})	$W = 0,8$ (W_{u2})
Lernen a_1	Note 1,5 (e_{11})	Note 2,5 (e_{21})
Kino a_2	Note 3,5 (e_{12})	Note 5,0 (e_{22})

Z = Ziele,
G = Zielgewicht,
U = Umweltzustand/Situation,
W = Wahrscheinlichkeit, dass dieser Umweltzustand bei Entscheidung unter Risiko eintritt
A = Alternative,
e = Ergebniswert,

19.1 Beispiel Standortsuche mithilfe der Nutzwertanalyse

Bei einer Standortwahl soll ein Unternehmer folgende Ziele verfolgen:

Z1: Geringe Steuerlast (Gewerbesteuer in Prozent)
Z2: Möglichst geringe Kosten (max. €3 Mio. für Grundstück (GS) und Gebäude (GB))
Z3: Günstige Infrastruktur
Z4: Möglichst wenig Umweltauflagen (in Anzahl von Umweltrichtlinien)
Z5: Eignung des Grundstücks (sehr gut bis gut geeignet, befriedigend bis mangelhaft, nicht zulässig – in technischen Maßeinheiten ausgedrückt)
Z6: Verfügbarkeit von Subventionen und Finanzierungshilfen (z.B. Strukturhilfeprogramme, EU-Mittel, Arbeitsbeschaffungsmaßnahmen)
Z7: Gefahr von Demonstrationen (ja oder nein)

Ziel / Alternativen	Z_1 geringe Gewerbesteuer (inkl. Hebesatz (HS))	Z_2 geringer Grundstücks- und Gebäudepreis	Z_3 günstige Infrastrukturen				Z_4 wenig Umweltauflagen	Z_5 Eignung des Grundstücks	Z_6 Subventionen in €	Z_7 Gefahr von Demonstrationen
			Z_{31} Bahnanschluss	Z_{32} Nähe AB	Z_{33} Stromsicherheit	Z_{34} Arbeiterverfügbarkeit				
Zielgewichte	0,4	0,2	0,3				0,6	0,4	0,7	1,2
A_1 Glachau	2 % HS 180 % (3,6)	GS € 1,3 Mio. GB € 2,1 Mio.	Nein	3 km	sicher	220	3 RL	befr.	T€ 120	Nein
A_2 Meschede	1 % HS 100 % (1,0)	GS T€ 200 GB T€ 150	Ja	2 km	unsich.	1580	–	sehr gut	€ 1 Mio.	Nein
A_3 Tübingen	5 % HS 340 % (17)	GS € 2,4 Mio. GB € 2,2 Mio.	Ja	12 km	sicher	34	20 RL	gut	–	Ja
A_4 Allgäu	5 % HS 280 % (14)	GS € 0 Mio. GB € 0 Mio.	Nein	25 km	unsich.	4	34 RL	gut	–	Ja

20. Behavioral Finance

→ Erforschung emotionaler und kognitiver Beweggründe des Marktteilnehmers bei finanziellen Entscheidungen
→ Versucht Geschehen auf Finanzmärkten unter Einbezug menschlicher Verhaltensweisen zu erklären
→ Erkenntnisse über Verhaltensweisen dienen Aussagen über Kapitalmärkte zu treffen
→ Möglichkeiten der Verhaltensforschung = Befragungen, Experimente, Hirnmessungen, Simulationen
→ Ziel Anpassung Homo Oeconomicus zu Homo Oeconomicus Humanus

21. Wissenschaftstheorie / Homo Oeconomicus

→ Fähigkeit zu uneingeschränktem rationalen Verhalten
→ Handlungsbestimmend Streben nach Nutzenmaximierung (Konsument) bzw. Gewinnmaximierung (Produzent)
→ Lückenlose Information über sämtliche Entscheidungsalternativen + deren Konsequenzen
→ Vollkommene Markttransparenz
→ Praxis hat gezeigt, dass sich Homo Oeconomicus Humanus herauskristallisiert --> beeinflusst durch kognitive und emotional Aspekte

22. Spekulationsblasen

→ Allgemeine Beobachtung und mediale Berichterstattung fördert **„Boom-Denken"**
→ Verbreitung von Geschichten unter Anlegern --> immer mehr Aufmerksamkeit --> Preise werden in die Höhe getrieben --> **„Herdentrieb"**

→ Enstandene Geschichten bestärken den Glauben an Fortsetzung des Booms = „Feedback-Theorie"
→ Bezeichnet Entwicklung an Finanzmärkten --> Ursache für Spekulationsblasen (= ungezügelter Handel von Marktteilnehmern)
→ Marktteilnehmer spielen große Rolle --> beobachten einander + richten sich dementsprechend aus --> suchen auch Leitfiguren und „schwimmen mit dem Strom"

23. Charakteristika der „Masse"

→ Schwund der bewussten und Vorherrschaft der unbewussten Persönlichkeit
→ Orientierung der Gedanken und Gefühle durch Suggestion (=manipulative Beeinflussung einer Vorstellung) sowie Ansteckung durch die anderen Marktteilnehmer
→ Tendenz zu unverzüglichen Verwirklichung der suggerierten Ideen

24. Gruppendenken

→ „**groupthink**" ist Prozess = einflussreicher Faktor
→ Gruppe aus kompetenten Personnen trifft schlechtere/realitätsfernere Entscheidungen als möglich --> jede beteiligte Person passt eigene Meinung an erwartete Gruppenmeinung an
→ Handlungen oder Kompromissen wird durch Gruppe zugestimmt --> einzelnes Gruppenmitglied hätte abgelehnt
→ Bsp. Invasion Schweinebucht John F.Kennedy, CIA Direktor, Harvard Professoren agierten völlig an Realität vorbei

25. Phasen unternehmerischer Tätigkeit

→ Gründungs-, Entwicklungs-, Krisen- und Auflösungsphasen
→ Motive Unternehmensgründung = Unabhängigkeit, Selbständigkeit, höheres Einkommen, Nutzung öffentl. Förderung
→ Administrative Tätigkeiten
  a) Ortsbehörde
  b) Finanzamt
  c) Industrie- und Handelskammer
  d) Arbeitsamt
  e) Post
  f) Krankenkasse
  g) Berufsgenossenschaft
  h) Gewerbeaufsichtsamt
→ Start-up = Unternehmensgründungen, urspr. aus New Economy (Geschäftstätigkeit mit neuen Technologien)

25.1 Zielsuche

→ Erfolgt unter Einbeziehung Kreativitätstechniken
→ Kreativität besonders bei neuen Vorstellungen gefragt
→ Grenze zwischen realistischen Zukunftsvorstellungen und Visionen/Utopien ist fließend --> Experte, der an kreativen Prozess nicht beteiligt war, zieht Grenze

25.2 Zielbildungsprozess im Unternehmen

→ Sofern nicht vorhanden, Zielbildung erste Phase des Planungsprozesses
→ Verschiedene Stufen Planungsprozess
  a) Zielsuche
  b) Prüfung der Operationalisierung durch die Zielbestandteile

c) Zielanalyse und Zielordnung
d) Prüfung der Realisierbarkeit
e) Zielauswahl
f) Durchsetzung
g) Zielüberprüfung und Zielrevision

25.3 Klare Zielvorgaben <-> „Muddling Through"

➜ „muddling through" = durchwursteln / permanentes Improvisieren
➜ Im privaten Umfeld sowie in Betrieben vorkommend
➜ Ohne Planung keine Kontrolle
➜ Ohne Abweichungsanalyse keine Optimierung von Prozessen
➜ Klare Zielvorgabe + klarer Plan stets notwendig

25.4 Zieldimensionen

➜ Traditionell Unterscheidung Sach- und Formalziele (Erich Kosiol)
➜ Unterscheidung durch Art und Weise der Bedarfsdeckung bzw. Leistungserstellung
➜ Ergänzt durch Sozialziele

(1) Sachziele
➜ Stellt konkreten Handlungs- oder Leistungsprogramme dar
➜ Diese Programme geben herzustellende Zahl der Produkte/Teile eines Sortiments an
➜ Sachdominanz nur in öffentlichen oder ethisch bestimmten Unternehmen
➜ Art des Produktes + Art der Leistungserstellung wichtiger als finanzwirtschaftliche Ziele
➜ „Es geht um die Sache"

(2) Formalziele
➜ Betrifft Art und Weise, wie Sachziele erreicht werden sollen
➜ Frage nach Wirtschaftlichkeit, Rentabilität, Liquidität
➜ i.d.R. liegt bei Unternehmen Formalzieldominanz vor --> Produkte werden erstellt um Gewinne zu erzielen
➜ Unternehmen verfolgen zuerst Gewinn- oder Umsatzziele und erstellen hierzu Sach- oder Dienstleistungen (Sachziele)

(3) Sozialziele
➜ Mitarbeiterzufriedenheit, humane Arbeitsplatzgestaltung, Altersvorsorge heute selbstverständlich
➜

25.4.1 Operative Unternehmensziele

Operative Unternehmensziele

Beschaffung und Lagerhaltung
- Verfügbarkeit von Produktionsfaktoren
- Rechtzeitigkeit der Lieferungen
- Lieferqualität
- Optimale Bestellmenge
- Optimale Transportzeit
- Optimales Transportmittel

Produktion und Fertigung
- Optimale Ausbringungsmenge
- Produktivität
- Sparsamkeit des Ressourceneinsatzes
- Bestmögliche Auslastung der Kapazität
- Fehlerfreiheit, Ausschussminimierung

Finanzen
- Umsatzsteigerung
- Kostensenkung
- Gewinnmaximierung
- Wirtschaftlichkeit, Rentabilität
- Cashflow, Liquidität, Performance

Marketing
- Marktanteil, Marktbeherrschung
- Marktmacht, Marktvolumen
- Kundennutzen, -zufriedenheit
- Unique Selling Proposition

Personal
- Motivation, Identifikation der Mitarbeiter
- Minimierung von Fehlzeiten, Betriebsklima
- Arbeitsplatzsicherheit, -zeiten

25.4.2 Konflikte zwischen Unternehmenszielen

→ Rechtzeitige Verfügbarkeit von Rohstoffen ist komplementär mit schnellen Produktion
→ Umsatzsteigerung konkurriert mit abnehmender Ausbringungsmenge bei gleichem Preis
→ Bestmögliche Auslastung einer Maschine ist indifferent zur Motivation eines nicht direkt betroffenen Mitarbeiters

25.5 Zielbildungsprozess in einem Unternehmen

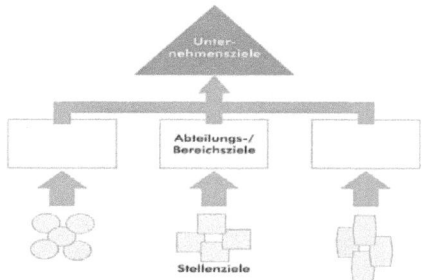

25.6 Strategische Ziele

→ Begriff Strategie aus militärischem Sprachgebrauch (gr. Heerführung)
→ Strategie ist langfristige Planung von Eckwerten für ein Unternehmen
→ Kalkulation möglicher Reaktionen des Umfeldes / potenzieller Konkurrenten in Zielbildung einbeziehen
→ Langfristige, richtungsweisende und grundsätzliche Konzepte und Strategien in heutiger Wettbewerbssituation immer wichtiger

25.6.1 Strategiearten (Michael Porter)

→ Nicht untereinander kombinierbar
→ Gelten für das gesamte Unternehmen

Unterscheidungskriterium/ Gegenstand	Bezeichnung
Organisatorischer Geltungs-bereich (Hofer/Schendel)	• Unternehmensstrategien (corporate strategies) • Geschäftsbereichsstrategien (business strategies) Funktionsbereichsstrategien (functional area strategies)
Funktionsbereich des Unter-nehmens	• Absatzstrategien • Produktionsstrategien • Forschungs- und Entwicklungsstrategien • Investitionsstrategien • Finanzierungsstrategien • Personalstrategien
Entwicklungsrichtung/Mittel-einsatz (Portfolio)	• Wachstumsstrategien (Investieren) • Stabilisierungsstrategien (Halten) • Schrumpfungsstrategien (Desinvestieren)
Marktverhalten	• Angriffstrategien (z. B. Promotionsstrategien) • Verteidigungsstrategien (z. B. Imitations-strategien)
Produkte/Märkte (Ansoff)	• Marktdurchdringungsstrategie • Marktentwicklungsstrategie • Strategie der Diversifikation • Strategie der Produktentwicklung
Wettbewerbsvorteile/Markt-abdeckung (Porter)	• Strategie der Kostenführerschaft • Differenzierungsstrategie • Konzentrationsstrategie (auf Kostenführer-schaft oder Produktdifferenzierung)
Regionaler Geltungsbereich	• lokale Strategie • multinationale Strategie • globale Strategie

25.6.1.1 Kostenführerschaft

➜ Strategische Abgrenzung als „Billiganbieter"
➜ Ziel: Zu geringsten Kosten in der Branche produzieren
➜ Investitionen in groß angelegte Produktionseinrichtungen
➜ Betriebsgrößenersparnisse nutzen
➜ Allgemeine Betriebskosten sorgfältig überwachen
➜ Nur große Unternehmen - Marktmacht und Massenproduktion
➜ Konsequente Dauer-Niedrig-Preise
➜ „Ich-Auch" Unternehmen (Lidl, Netto)
➜ Bsp. Auch Coca - Cola Heißt nicht, dass man die guten Preise auch weitergibt , heißt achten auf Ihre eigenen Kosten
➜ Methoden wie Downsizing, Total Quality Management

25.6.1.2 Differenzierungsstrategie

→ Ziel: Entwicklung einzigartiger Produkte/Dienstleistungen, aufbauend auf Marken-/Kundenloyalität
→ Unternehmen bieten bessere Qualität, mehr Leistung oder einzigartige Produktmerkmale → rechtfertigt höhere Preise
→ Bsp. Louis Vuitton
→ am ehesten für KMU (Klein- und Mittelständische Unternehmen) wegen Kundennähe (besser in Kontakt treten, besser auf individuelle Kundenwünsche eingehen) Schnelligkeit (Informationswege kürzer), hohe Qualität

25.6.1.3 Nischenstrategie

→ Ziel: eng eingegrenzte Marktsegmente bedienen
→ Schwerpunkt auf Differenzierung, aber Angebote werden im Schwerpunktmarkt differenziert
→ Konzentration auf eigenes Know-How und Kompetenzen
→ Bsp. E-Zigaretten, Alpina, Autoroboter für Fließbandarbeit für ein bestimmtes Modell (wenn nur für Autoindustrie, dann auch Differenzierungsstrategie)
→ heißt nicht besonders teuer oder extrem günstig

25.7 Portfolioanalyse nach Bosten Consulting Group - „BCG Matrix"

→ Analyse Unternehmensstrategie
→ Kombination der Dimensionen "realtiver Marktanteil" und "Marktwachstum"
→ Einzelne Felder = „Streategische Geschäftseinheiten (SGE)"

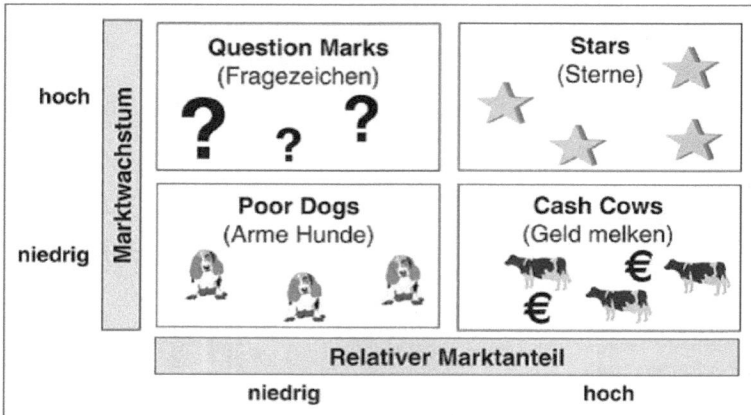

https://www.controlling-wiki.com/de/images/7/75/Marktwachstums-Marktanteils-Portfolio.JPG

25.7.1 Cash Cows

→ Lang etablierte Produkte mit hohem Marktanteil und tiefer Wachstumsrate
→ bringen viel Geld (mehr als reinvestiert werden muss um Marktanteile zu halten)
→ Überschuss nicht in gleiches Produkt reinvestirt → ginge zu Lasten der Erträge
→ Tragen kontinuierlich die Kosten für Questionmarks + Stars

25.7.2 Poor Dogs

→ Produkte mit tiefem Marktanteil und tiefer Wachstumsrate
→ Rechnerischer Gewinn erreichbar → dieser muss allerdings reinvestiert werden um Marktanteil halten zu können → Kein tatsächlicher Gewinn ausweisbar
→ Erfolgsbeitrag ist niedrig bis negativ
→ Unattrakiver Markt → wächst auch in Zukunft nicht
→ Produkte sterben aus und werden vom Markt genommen → Deinvestition (alles verhökern was geht, Bsp. Alter A4 - ganze Fabrik an Skoda verklauft)

25.7.3 Question Marks

→ Produkte mit geringem Marktanteil und hoher Wachstumsrate
→ Neue Produkte, Innovationen → weiß, dass Markt wachsen wird
→ Erfordern große Geldinvestitionen, die sie selbst nicht erwirtschaften
→ Kein Geldzuschuss = Produkte fallen zurück / sterben aus
→ Anteile werden gehalten und Wachstumsrate bricht ein → Poor Dogs

25.7.4 Stars

→ Produkte mit hohem Marktanteil und hoher Wachstumsrate
→ Weisen Gewinne aus, verdienen aber nicht alles was sie verschlingen selbst
→ Aufrechterhaltung führende Position → Produkt wird zu Cash Cow →bringen bei langsamer werdenden Wachstum hohe Erträge Reinvestitionserfordernisse werden geringer

25.7.5 Strategien BCG - Matrix

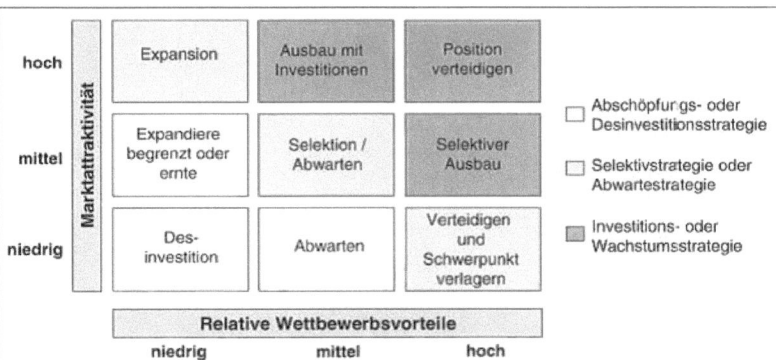

https://www.controlling-wiki.com/de/images/1/15/Marktattraktivit%C3%A4ts-Wettbewerbsvorteils-Portfolio.JPG

25.8 Kennzahlen

→ Beurteilung erreichte finanzielle Ergebnisse von Unternehmensentscheidungen = Ausmaß der Zielerreichung
→ Bedeutung + Herleitung einzelner Elemente des ökonomischen Prinzips (Wirtschaftlichkeit, Rentabilität, Liquidität) bedarf Bilanz & GuV

25.8.1 Grundstruktur Bilanz

AKTIVA	PASSIVA
Anlagevermögen	**Eigenkapital**
immaterielle Vermögensgegenstände	Kapitaleinlagen
Grundstücke	Rücklagen
Gebäude	Gewinn/Verlustvortrag
Maschinen	Gewinn/Verlust lfd. Jahr n. Steuern
Betriebs- und Geschäftsausstattung	
lgfr. Finanzanlagen (Beteiligungen)	
Summe Anlagevermögen	*Summe Eigenkapital*
Umlaufvermögen	**Fremdkapital**
Vorräte	Rückstellungen
– Roh-, Hilfs- und Betriebsstoffe	langfristige Verbindlichkeiten
– unfertige Erzeugnisse	kurzfristige Verbindlichkeiten
– fertige Erzeugnisse	fällige Steuern
– Handelswaren	
Forderungen	
kzfr. Finanzanlagen (Wertpapiere)	
Kasse und Bank(Sicht-)guthaben (ZM)	
Aktive Rechnungsabgrenzungsposten	Passive Rechnungsabgrenzungsposten
Summe Umlaufvermögen	*Summe Fremdkapital*
SUMME AKTIVA	**SUMME PASSIVA**

25.8.2 Gewinn- und Verlustrechnung

Umsatzerlöse
+ Erhöhung des Bestands an fertigen und unfertigen Erzeugnissen
− Verminderung des Bestands an fertigen und unfertigen Erzeugnissen
+ Andere aktivierte Eigenleistungen und sonstige betriebliche Erträge
− Materialaufwand
− Personalaufwand
− Abschreibungen
− Sonstige betriebliche Aufwendungen
= Betriebsergebnis
+ Erträge aus Beteiligungen und Finanzanlagen sowie ähnliche Erträge (Zinsertrag)
− Abschreibungen auf Beteiligungen und Finanzanlagen
− Aufwendungen für Beteiligungen und Finanzanlagen sowie ähnliche Aufwendungen (Zinsaufwand)
= Ergebnis der gewöhnlichen Geschäftstätigkeit
+ Außerordentliche Erträge
− Außerordentliche Aufwendungen
= Außerordentliches Ergebnis (Gewinn/Verlust vor Steuern)
− Steuern
= Gewinn/Verlust nach Steuern

25.8.3 Rentabilität

a) $\dfrac{\text{Eigenkapitalrendite}}{\text{(nach Steuern)}} = \dfrac{\text{Gewinn nach Steuern}}{\text{Eigenkapital}} \times 100$

b) $\dfrac{\text{Gesamtkapitalrendite}}{\text{(nach Steuern)}} = \dfrac{\text{Gewinn nach Steuern} + \text{Fremdkapitalzinsen}}{\text{Eigenkapital} + \text{Fremdkapital}} \times 100$

c) $\dfrac{\text{Umsatzrendite}}{\text{(vor Steuern)}} = \dfrac{\text{Gewinn vor Steuern}}{\text{Umsatz}} \times 100 \text{ oder ROS} = \dfrac{\text{Betriebsergebnis}}{\text{Umsatz}} \times 100$

→ Die Bestimmung von Renditen wird vor und nach Steuern vorgenommen

25.8.4 Liquidität

a) $\text{Liquidität 1. Grades} = \dfrac{\text{Kasse} + \text{Bankguthaben}}{\text{kurzfristige Verbindlichkeiten}}$

b) $\text{Liquidität 2. Grades} = \dfrac{\text{Zahlungsmittel} + \text{Forderungen} + \text{Wertpapiere}}{\text{kurzfristige Verbindlichkeiten}}$

c) $\text{Liquidität 3. Grades} = \dfrac{\text{Zahlungsmittel} + \text{Forderungen} + \text{Wertpapiere} + \text{Vorräte}}{\text{kurzfristige Verbindlichkeiten}}$

➔ Quotient Liquidität gibt an, zu welchem Grad diese gedeckt ist.
➔ Quotient < 1, d.h. Liquidität unter statistischer Betrachtung nicht gewährleistet
➔ Beurteilung bilanzorientierter Liquiditätsgrade muss eingeschränkt erfolgen, da

a) Fristenkongruenz zwischen Höhe kurzfristiger Verbindlichkeiten und Zeitpunkt der Begelichung nicht berücksichtigt ist
b) Höhe der ausgewiesenen Zahlungsmittel im Zeitverlauf nicht konstant ist
c) Höhe der Forderungen zeitpunktbezogen nicht in voller Höhe liquidierbar
d) Höhe der Wertpapiere zeitpunktbezogen i.d.R. nicht äquivalent zur Höhe beim Kaufzeitpunkt

25.8.5 Produktivität, Wirtschaftlichkeit

a) Produktivität = $\dfrac{\text{Menge Output (z.B. ein Auto)}}{\text{Menge Input (z.B. zehn Produktionsstunden)}}$

b) Wirtschaftlichkeit = $\dfrac{\text{Wert Output (z.B. Umsatz)}}{\text{Wert Input (z.B. Kosten)}}$

26. Unternehmenskultur und -leitbild als Zielvorgaben

➔ Dokumentation von strategischen und operativen Zielsetzungen + ethisch-moralischen Wertvorstellungen in Unternehmensleitbild
➔ Leitbild richtet sich an das Umfeld + Partner des Unternehmens (Mitarbeiter, Kunden, Lieferanten, Wettbewerber, Kapitalgeber und Öffentlichkeit)
➔ Enthält kurze und prägnante Charakterisierung der Unternehmung + Einbettung (zukünftiges) Verhaltens in bestimmen Wertmaßstäben
➔ Gesamtheit an Leitbildern, schriftlichen Grundsätzen (inkl. Führungsleitlinien + Anforderungen an Mitarbeiter) = Corporate Identity (CI)
➔ Unternehmensleitbild vertritt Corporate Identity nach außen
➔ Klare und eindeutige Profilierung des Unternehmens gegenüber Konkurrenten
➔ Dadurch Förderung einer guten Wiedererkennbarkeit für Koalitionspartner

Leitbildziele	Leitbildinhalte	Leitbildanforderungen
• Ausdruck der Unternehmensethik und der Existenzgrundlage des Unternehmens • Orientierungs- und Stabilisierungsfunktion • Beitrag zur Imagebildung • Unterstützungsfunktion im Wandlungsprozess einer Unternehmung • Motivationsfunktion für Mitarbeiter • Vertrauensstiftendes Instrument gegenüber Kunden, Geschäftspartnern, der Öffentlichkeit sowie Mitbewerbern	• Leistungsphilosophie (Produktionsprogramm, Sortiment) • Kernbedürfnisse des Marktes (Kundenwünsche, Beziehungen zu Konkurrenten) • Mission des Unternehmens (grundlegende Wettbewerbsstrategie) • Platz in der Gesellschaft (Wertschöpfung) • Umgang mit den eigenen Ressourcen (Mitarbeiterbild, Unternehmenskultur)	• Allgemeingültigkeit (Bezug des Inhaltes auf das ganze Unternehmen) • Wesentlichkeit (wichtige, hauptsächliche Unternehmenshandlungen) • Langfristigkeit (Dauerhaftigkeit) • Vollständigkeit (alle Leitbildinhalte) • Wahrheit (Absichten der obersten Führungskräfte) • Realisierbarkeit (angepasst an die Umweltbedingungen) • Konsistenz (ohne Widersprüche) • Klarheit (kompromisslos, verständlich und konkret)

Aufgabe Audi : „Vorsprung durch Technik"

➔ Werbespruch = interner Unternehmensleitsatz ➔ vermittelt Mitarbeitern, Kunden + allen Partnern die verfolgte Strategie
➔ Qualitätsstrategie ➔ verspricht Kunden hochwertige Produkte, verlangt hochwertige Arbeitsleistung von Mitarbeitern + qualifizierte Entscheidungen von Führungskräfte
➔ Leitsatz = Orientierung für alle Stakeholder

➔ Interne Stakeholder

a) Mitarbeiter - Hoher Identifizierungsgrad möglich, Motivation, sehr hohe Arbeitsleistung

- qualifizierte Mitarbeiter
- Motivation hohe Qualitätsansprüche umzusetzen ➔ Sportwagen nur von jahrelangen Mitarbeitern gebaut

b) Management - Herausforderung, Ansporn, Qualität gewährleisten, Weiterentwicjlung auf hohem Niveau

- Erreichen der Ziele
- Commitment (Müssen auch privat Auto des Unternehmen fahren, Bsp. Nike Tattoo am Knöchel)

➔ Externe Stakeholder

d) Lieferanten - Hohe Bereitschaft, Einhaltung von Lieferbedingungen, v.a. Qualitätsaspekt,

- strikte Audits
- Beste Qualität & Service

e) Kunden - Hohe Erwartungen, Prestige, Gutes Preis-Leistungsverhältnis, breites Dienstleistungsangebot

Aufgabe L`Ore

- **Product**
  - → schlichte Farben
  - → Plastikflasche mit Clip-Verschluss
  - → Positive (medizinische) Testergebnisse als Eyecatcher
  - → angenehmer Geruch

- **Place**
  - → B2B Channel (Apotheke, dm)
  - → Kooperation Arztpraxen
  - → alle Kanäle, da schon Produkte etabliert sind

- **Promotion**
  - →Werbung in Fachzeitschriften
  - →TV Werbung, da bereits etabliert, aber kein Model, sondern Arzt

- **Price**
  - → Produkt billiger in Drogerien, teurer in Apotheke